ISBN 978-3-00-053264-1

KU Europe GmbH
Langenfeldstraße 145b
45481 Mülheim an der Ruhr
Tel.: 0208/89928658

E-Mail: rezepte@getfitfitness.de
www.getfitfitness.de

Lieber Leser, liebe Leserin,

Vielen Dank für deine Entscheidung, dieses Buch zu erwerben! Wir hoffen, es gefällt dir und du findest einige neue Rezepte. Da uns deine Meinung sehr wichtig ist, bitten wir dich, Verbesserungsvorschläge und Kritik an rezepte@getfitfitness.de zu senden. Nun ein paar Worte zu uns: Wir von GetFit Fitness haben es uns zur Aufgabe gemacht, die Fitnesswelt durch leckere Rezepte, Fitnessprogramme und Nahrungsergänzungsmittel ein Stückchen besser zu machen – und gleichzeitig den Geldbeutel unserer Kunden zu schonen.

Wir sind ein Team von Studenten und Fitness- und Ernährungsexperten, welches durch das virtuelle soziale Netzwerk bekannt geworden ist. Zunächst entwickelte unser Team ein Fitnessprogramm, mit dem unsere Kunden Körperfett verlieren und gleichzeitig Muskeln aufbauen und so zu einer schlanken, aber definierten Figur kommen.
Im weiteren Verlauf unserer Firmengeschichte entwickelte unser Team zahlreiche Nahrungsergänzungsmittel und Fitnessprodukte. Mehr Informationen findest du auf www.getfitfitness.de!

Auf den nächsten Seiten findest du leckere Fitnessrezepte, welche

- ausschließlich aus herkömmlichen Zutaten bestehen,
- schnell und einfach zubereitet werden,
- einfach lecker und gesund sind!
- kcal-Angaben pro Portion (Das komplette Gericht entspricht einer Portion) und pro 100 g enthalten,
- in Ernährungsarten unterteilt (Low-Carb, High-Carb).

Wir hoffen, dass du die Rezepte toll findest und warten gespannt auf deine Meinung!

Inhaltsverzeichnis

◆ vegetarisch
◆ Low-Carb
◆ High-Carb
◆ Kompatibel mit GetFit Fitness 8-Wochen Programm

Kurze Erklärung zu Low-Carb und High-Carb

Der Begriff Low-Carb bezeichnet verschiedene Ernährungsformen oder Diäten, bei denen der Anteil der Kohlenhydrate an der täglichen Nahrung reduziert wird. Motivation ist in den meisten Fällen eine erwünschte Gewichtsreduktion (Wichtig: Nur ein Kaloriendefizit bewirkt eine Gewichtsreduktion.) Die täglichen Mahlzeiten bestehen hauptsächlich aus Gemüse, Milchprodukten, Fisch und Fleisch. Dabei ersetzen Fette und Proteine die wegfallenden Kohlenhydrat. Die empfohlene Energiezufuhr durch Kohlenhydrate, gegenüber einer typischen Ernährung mit ca. 50 % Anteil, schwankt je nach Form der Low-Carb-Ernährung stark.

High-Carb Ernährung hingegen beabsichtigt eine möglichst hohe Aufnahme von Kohlenhydraten. Ziel hierbei ist hauptsächlich Muskelaufbau. Dabei ist es jedoch wichtig, ausreichend andere Makro-Nährstoffe aufzunehmen. In der Regel ist High-Carb die ausgewogenere Ernährung, da das ganze Spektrum der Mikro- und Makronährstoffe berücksichtigt wird.

Es ist aber ebenso möglich, durch eine High-Carb Ernährung eine Gewichtsreduktion zu erzielen. Wichtig ist auch hier: Der Betroffene muss sich hinsichtlich seiner Ernährung in einem Kaloriendefizit befinden.

Low-Carb-Schüttelpizza

35 Minuten

Wer kennt es nicht?! Abends zusammen einen Film gucken und dabei genüsslich eine Pizza essen – wenn da nicht die elenden Pfunde wären. Damit soll jetzt Schluss sein! Wir zeigen euch hier eine leckere und gesunde Alternative!

Zutaten für 1 Portion:

- 150 g Magerquark
- 20 g Mandelmehl (entölt)
- 2 Eier
- 20 g geriebener Käse (fettarm, Gouda)
- 150 g Dosenthunfisch (ohne Öl)
- 50 g Cherry-Tomaten
- ½ Paprika (in Würfel geschnitten)
- Gewürze: etwas Oregano, Salz und Pfeffer

Zubereitung: Die Zubereitung ist kinderleicht! Zuerst halbierst du die Cherry-Tomaten und anschließend verrührst du einfach alle Zutaten miteinander. Danach gibst du die „Teigmasse“ in eine runde mit Backpapier ausgelegte Form und stellst diese für 30 Minuten in den auf 180° C vorgeheizten Backofen. Als Beilage empfehlen wir etwas grünen Salat.

	Pro 100 g	**Pro Portion**
kcal	109	588
Eiweiß	15 g	82 g
Kohlenhydrate	2 g	10,7 g
Fett	7,5 g	40,45 g

Lachs mit Rucola und gefüllten Champignons

20 Minuten

Dieses Rezept ist wirklich sehr lecker. Der Lachs ist eine äußerst gute Proteinquelle – sehr wichtig für den Muskelaufbau. Für alle, die gerne Fisch und Salat essen, ist dieses Gericht sehr zu empfehlen. Lass es dir schmecken!

Zutaten für 1 Portion:

- 150 g Lachs
- 5 Champignons
- 50 g Kräuterfrischkäse

Marinade:

- 1 EL Olivenöl
- 1 Knoblauchzehe
- Dill
- Salz und Pfeffer

Salat:

- Rucola
- 1 rote Zwiebel
- 30 g Mais
- ½ rote Paprika
- 30 g Fetakäse (light)
- 50 g Radieschen
- Salz, 1 TL Olivenöl
- 1 Schuss Zitronensaft

Zubereitung: Zunächst verrührst du (Knoblauchzehe auspressen) die Zutaten der Marinade miteinander und bestreichst das Lachsfilet damit. Die Champignons werden leicht ausgehöhlt und mit dem Kräuterfrischkäse gefüllt. Anschließend kommt der Lachs zusammen mit den Champignons für 20 bis 25 Minuten in den auf 200° C vorgeheizten Ofen (Umluft).

Für den Salat kannst du so viel Rucola verwenden, wie du möchtest. Schneide die Radieschen, die Zwiebel und die Paprika klein und vermenge nun alle restlichen Zutaten miteinander. Optional kannst du noch etwas Honig-Senf-Dressing hinzufügen.

	Pro 100 g	**Pro Portion**
kcal	152	850
Eiweiß	7 g	39 g
Kohlenhydrate	1,5 g	8 g
Fett	12,7 g	71 g

Putenschnitzel mit Zucchini-Nudeln und Champignons

Du isst gern Nudeln, bist aber auf einer Low-Carb-Diät? Hier ist eine tolle Alternative – die Zucchini-Nudeln, auch „Zoodles“ genannt, sind nicht nur gesund, sondern schmecken auch köstlich!
Dieses Gericht lässt deine Geschmacksknospen explodieren!

Zutaten für 1 Portion: 20 Minuten

- 200 g Putenbrustfilet
- 1 Zucchini
- 1 EL Olivenöl
- 1 Knoblauchzehe
- 30 g Fetakäse (light)
- Salz und Pfeffer
- 50 g Champignons
- eine Prise „Vegeta"-Gewürz (erhältlich im Supermarkt)

Zubereitung: So bereitest du die „Zoodles" zu: Zunächst wäschst du die Zucchini gründlich ab. Anschließend verarbeitest du sie mithilfe eines Spiralschneiders (erhältlich im Internet) zu Nudeln. Nun gibst du einen Esslöffel Olivenöl zusammen mit der ausgepressten Knoblauchzehe und den Zucchini-Nudeln in eine Pfanne und brätst das Ganze für ca. 3–4 Minuten an. Anschließend gibst du 1–2 Esslöffel Wasser hinzu und würzt es mit Salz und Pfeffer. Danach schaltest du den Herd aus, zerbröselst den Fetakäse über den Nudeln und lässt das Ganze, zugedeckt mit einem Teller, für ca. 5 Minuten ziehen.

Nun brätst du das Putenbrustfilet von beiden Seiten für ca. 3–4 Minuten und würzt es mit Salz, Pfeffer und dem „Vegeta"-Gewürz. Serviere das Putenbrustfilet zusammen mit den „Zoodles" auf einem Teller. Brate die geviertelten Champignons in der Pfanne des Putenbrustfilets noch kurz an und richte sie ebenfalls auf dem Teller an. Guten Appetit!

	Pro 100 g	**Pro Portion**
kcal	105	410
Eiweiß	15 g	58 g
Kohlenhydrate	0,75 g	3 g
Fett	5 g	18 g

Garnelen mit Zucchini-Nudeln

15 Minuten

Dieses Rezept ist eines der erfolgreichsten Rezepte unserer Community. Allein beim Anschauen kann einem schon das Wasser im Mund zusammenlaufen! Wer auf die „italienische“ Küche nicht verzichten möchte und Lust auf proteinreiche Garnelen hat, muss dieses Rezept ausprobieren!

Zutaten für 1 Portion:

- 200 g Zucchini
- 2 Knoblauchzehen
- 1 EL Olivenöl
- 1 EL Kokosöl
- 40 g Feta-Käse (light)
- 3 EL Pesto Genovese
- 150 g Garnelen

Zubereitung: Zunächst wäschst du die Zucchini gründlich ab und verarbeitest sie mithilfe eines Spiralschneiders (im Internet erhältlich) zu Nudeln. Anschließend presst du die beiden Knoblauchzehen aus und brätst sie für kurze Zeit in Olivenöl an. Danach gibst du die Zucchini-Nudeln zusammen mit dem Pesto hinzu, verrührst das Ganze und brätst es für ca. 2 Minuten an. Nun streust du den Feta-Käse darüber, würzt alles mit Salz und Pfeffer und lässt es mit 3–4 EL Wasser bei ausgeschalteter Herdplatte ziehen.

Die Garnelen brätst du kinderleicht in etwas Kokosöl und fügst sie anschließend den Zucchini-Nudeln (auch „Zoodles" genannt) hinzu. Guten Appetit!

	Pro 100 g	Pro Portion
kcal	130	565
Eiweiß	10 g	44 g
Kohlenhydrate	1,5 g	6,5 g
Fett	7 g	31 g

Gemüsemix mit Thunfischfilet

25 Minuten

Hier findest du ein typisches Low-Carb-Rezept. Der Thunfisch ist eine optimale Proteinquelle und das Gemüse ist sehr reich an wichtigen Mikronährstoffen. Guten Appetit!

Zutaten:

- 1 rote Paprika
- 1 grüne Paprika
- 1 Zucchini
- 1 Frühlingszwiebel
- 50 g Champignons
- 150 g Thunfischfilet

Dressing:

- 1 EL Rapsöl, Salz
- Thymian, Paprikapulver
- 1 Schuss Zitronensaft
- 1 Knoblauchzehe

Zubereitung: Zunächst wäschst du das Gemüse (Paprika, Zucchini, Frühlingszwiebel, Champignons) und schneidest es klein. Danach verrührst du die vorgegebenen Zutaten zu einem Dressing (Wichtig: Knoblauchzehe auspressen). Anschließend verteilst du das Gemüse auf einem mit Alufolie ausgelegtem Backblech und gibst das Dressing darüber. Nun wird das Gemüse für 20–25 Minuten bei 240° C Umluft gebacken.

Das Thunfischfilet wird lediglich für 3–4 Minuten in einer Steakpfanne gebraten und mit etwas Salz/Pfeffer gewürzt. Nun servierst du alles auf einem Teller: Guten Hunger!

	Pro 100 g	**Pro Portion**
kcal	99	415
Eiweiß	7 g	30 g
Kohlenhydrate	2 g	9 g
Fett	6 g	29 g

Pizza mit Thunfisch-Frischkäse-Boden

Hier ist noch eine Alternative zur normalen ungesunden Pizza – dieses Mal kommen wir dem Original noch näher.

Zutaten: 35 Minuten

Teig:

- 1 Ei
- 200 g Hüttenkäse
- 150 g Thunfisch

Belag:

- 100 g Putenbrustfilet
- in Streifen geschnitten
- ½ Zwiebel
- 1 rote Paprika
- 1 Tomate
- 100 g passierte Tomaten
- Salz, Pfeffer und Oregano zum Würzen

	Pro 100 g	Pro Portion
kcal	100	732
Eiweiß	12,4 g	91 g
Kohlenhydrate	1 g	6 g
Fett	5,3 g	39 g

Zubereitung: Zunächst verrührst du das aufgeschlagene Ei mit dem Hüttenkäse und dem Thunfisch (Wichtig: Den Thunfisch gut ausdrücken, sodass er trocken wird.) Diese Masse drückst du dann auf einem mit Backpapier ausgelegten Backblech mithilfe eines Löffels zu einem Pizzabodenzusammen. Dieser kommt nun für 20 Minuten bei 220° C Umluft in den Ofen.

Nun kommen wir zum Belag: Du verrührst die passierten Tomaten mit ein wenig Oregano und bestreichst damit den fertig gebackenen Pizzaboden. Anschließend schneidest du Tomate, Paprika und Zwiebel klein und belegst damit und mit den Putenbruststreifen die Pizza. Jetzt kannst du sie noch nach Belieben würzen. Zu guter Letzt muss die Pizza noch für weitere 15 Minuten in den Ofen und ist danach verzehrfertig! Guten Appetit!

Oopsie-Burger

15 Minuten

Du liebst Burger und möchtest nicht auf deren köstlichen Geschmack verzichten?! Dann sollte dieses Gericht die perfekte Alternative für dich sein! Es hat nahezu keine Kohlenhydrate, schmeckt aber Weltklasse – Guten Appetit!

Zutaten:	**Brötchen:**
◆ 100 g Putenhack	◆ 2 Eier
◆ Salatblätter	◆ 50 g Quark
◆ 30 g Frischkäseaufstrich	◆ eine Prise Leinsamen
	◆ Salz, Pfeffer

Zubereitung:

Zunächst trennst du beim Aufschlagen der Eier das Eigelb vom Eiweiß und schlägst das Eiweiß steif. Das Eigelb verrührst du mit Quark, Salz und Pfeffer. Anschließend hebst du diese Masse vorsichtig unter den Eischnee. Danach halbierst du sie in zwei gleich große Portionen und backst diese für 15–20 Minuten bei 180° C auf einem mit Backpapier ausgelegten Backblech. Daraus werden später die zwei Brothälften des Burgers.

Das Putenhack formst du zu einer Frikadelle und brätst diese von beiden Seiten an. Nachdem die Brothälften fertig gebacken sind, bestreichst du sie mit dem Aufstrich und belegst sie mit den restlichen Zutaten. Guten Appetit!

	Pro 100 g	**Pro Portion**
kcal	174	539
Eiweiß	15 g	47 g
Kohlenhydrate	1 g	3,6 g
Fett	12 g	38 g

Hähnchen mit Spinatknödel und Champignons

Zutaten für 1 Portion: 30 Minuten

- 200 g Hähnchenbrustfilet
- 250 g Baby-Spinat
- 1 EL Olivenöl
- ½ Zwiebel
- 1 Knoblauchzehe
- 1 Scheibe Vollkorntoast
- 1 Ei
- 50 g Champignons
- 50 g Joghurt (fettarm)
- Salz, Pfeffer

Zubereitung:

Knödel: Zuerst wäschst du den Baby-Spinat gründlich ab und kochst ihn für ca. 10 Minuten in Salzwasser. Wenn er fertig gekocht ist, drückst du mithilfe eines Siebs das komplette Wasser aus dem Spinat. Ein Löffel dient hierbei als Werkzeug.

Anschließend brätst du die kleingeschnittene Zwiebel und die Knoblauchzehe in einer Pfanne mit Olivenöl an, bevor du den Spinat hinzufügst. Diesen brätst du dann für 5 Minuten.
Nun zerbröselst du die Toastscheibe und verrührst die Krümel zusammen mit dem Ei und dem Spinat in einer kleinen Form. Anschließend formst du aus dieser Masse Knödel (wie auf dem Beispielbild), welche du dann für 15 Minuten in Salzwasser kochst.

Hähnchen: Das Hähnchenbrustfilet wird mit etwas Salz und Pfeffer gewürzt und an-schließend für ca. 3–4 Minuten von beiden Seiten scharf angebraten.

Champignons: Die Champignons gründlich abwaschen, vierteln und mit Salz und Pfeffer würzen. Danach brätst du sie zusammen mit dem Joghurt an, bis sie weich werden.

Zuletzt servierst du alles auf einem Teller! Guten Appetit!

	Pro 100 g	Pro Portion
kcal	86,5	605
Eiweiß	10,1 g	70,8 g
Kohlenhydrate	4 g	27,3 g
Fett	3 g	20,8 g

Thunfischsalat mit Ei und Dressing

10 Minuten

Zutaten:

- Rucola (nach Belieben – wir empfehlen 50 g)
- 150 g Thunfisch (abgetropft)
- 1 Tomate
- 2 Eier
- ½ Zwiebel

Dressing:

- 150 ml saure Sahne (10% Fett)
- 2 TL Zitronensaft
- 3 EL fettarme Milch
- 1 Knoblauchzehe

Zubereitung: Zunächst verteilst du den Rucola auf einem Teller. Anschließend verteilst du darauf den abgetropften Thunfisch, die kleingeschnittenen Tomaten, die kleingeschnittene Zwiebel und die zwei hart gekochten Eier. Für das Dressing verrührst du die saure Sahne mit etwas Salz und Pfeffer, dem Zitronensaft, der Milch und der ausgepressten Knoblauchzehe.

Nun schüttest du das Dressing über den Salat. Guten Appetit!

	Pro 100 g	Pro Portion
kcal	115	737
Eiweiß	8,8 g	56,5 g
Kohlenhydrate	1,9 g	12 g
Fett	8 g	51,6 g

Blumenkohl-Kroketten (vegetarisch)

15 Minuten

Dies ist ein außergewöhnliches Rezept mit herkömmlichen Zutaten. Perfekt geeignet als Snack sind die Blumenkohl-Kroketten, die perfekte Alternative zu Chicken-Nuggets und Co.

Zutaten:

- ½ Blumenkohl
- ½ Zwiebel
- 20 g Paniermehl
- 25 g fettarmer Reibekäse
- 20 g Feta-Käse (fettarm)
- 1 Ei
- Salz, Pfeffer
- 1 Tomate

Zubereitung: Zunächst ist es wichtig, den Blumenkohl gründlich abzuwaschen und in Röschen zu schneiden. Anschließend in Salzwasser weichkochen und mit einem Pürierstab oder einer Gabel zu Brei verarbeiten.
Danach hackst du die Zwiebel in sehr kleine Stücke und verrührst sie mit dem Blumenkohl-Brei. Nun hebst du noch das Paniermehl, den Reibe- und den Feta-Käse unter. Anschließend verrührst du das Ei und vermengst es, zusammen mit etwas Salz und Pfeffer, mit dem Brei.

Daraus formst du nun Kroketten. Diese kommen für 25 Minuten in den auf 200° C vorge-heizten Backofen. Zu den fertigen Kroketten servierst du eine kleingeschnittene Tomate. Guten Appetit!

	Pro 100 g	**Pro Portion**
kcal	76	300
Eiweiß	5,4 g	21,2 g
Kohlenhydrate	4,9 g	19,2 g
Fett	3,8 g	15,2 g

Flammkuchen (vegetarisch)

Zutaten:

35 Minuten

- 2 Eier
- 120 g Magerquark
- 1 TL Mandelmehl
- 150 g Reibekäse light (Gouda)
- 60 g saure Sahne
- 1 Zwiebel
- 1 Tomate
- 1 Peperoni
- 30 g Ziegenkäse
- Rucola nach Belieben

Zubereitung:

Teig: Zunächst verrührst du die aufgeschlagenen Eier mit dem Magerquark. Anschließend hebst du 80 g vom Reibekäse zusammen mit dem Mandelmehl unter die Masse. Diese schüttest du dann auf ein mit Backpapier ausgelegtes Backblech und streichst alles schön glatt. Nun stellst du das Blech für 15 Minuten bei 180° C in den Ofen.
Nachdem der Teig fertig gebacken ist, bestreichst du ihn mit der sauren Sahne (etwas salzen). Anschließend belegst du den Flammkuchen mit der in Scheiben geschnittenen Tomate, dem in Würfel geschnittenen Ziegenkäse, dem restlichen Reibekäse und der kleingeschnittenen Peperoni und stellst ihn noch einmal für 10–15 Minuten in den Ofen.

Danach belegst du den Flammkuchen noch mit etwas Rucola. Guten Appetit!

	Pro 100 g	Pro Portion
kcal	136	980
Eiweiß	10,3 g	74 g
Kohlenhydrate	0,7 g	5,2 g
Fett	9,9 g	71 g

Hähnchenfilet in Sesamkruste mit Salat

30 Minuten

Jeder kennt die typischen Low-Carb-Rezepte: Fleisch mit Salat und Gemüse. Wir haben das Ganze ein wenig aufgepeppt. Die Sesamkruste ist eine angenehme Abwechslung zu den typischen Rezepten.

Zutaten für 1 Portion:

- 200 g Hähnchenbrustfilet
- 1 Eiklar
- 50 g Sesam
- Salz, Pfeffer
- **Salat:**
- ½ Zwiebel
- 50 g Eisbergsalat
- 50 g Cherry-Tomaten
- 30 g Feta-Käse (light)
- 1 TL Kürbiskernöl
- 1 TL Essig

	Pro 100 g	Pro Portion
kcal	90	430
Eiweiß	12,9 g	61,7 g
Kohlenhydrate	0,2 g	0,9 g
Fett	3,2 g	15,4 g

Zubereitung: Zunächst würzt du das Hähnchenbrustfilet mit etwas Salz und Pfeffer und rührst das Eiklar gut um. Danach bestreichst du das Fleisch mit dem Eiklar und wälzt es dann im Sesam, sodass eine Sesamkruste entsteht. Das Ganze legst du dann auf ein mit Backpapier ausgelegtes Backblech und stellst es für 20–25 Minuten bei 240° C Umluft in den Ofen.

Salat: Zunächst wäschst du alle Zutaten des Salats gründlich ab und schneidest sie klein. Als Dressing verwendest du das Kürbiskernöl und den Essig.

Nachdem das Fleisch fertig gebacken ist servierst du alles auf einem Teller. Bon Appetit!

Schüttelpizza Version 2: (Vegetarisch)

35 Minuten

Zutaten für 1 Portion:

- 150 g Magerquark
- 20 g Mandelmehl
- 2 Eier
- 30 g geriebener Käse (Gouda)
- Salz, Pfeffer
- 20 g Mais
- 20 g Kidney-Bohnen
- ½ Paprika
- 20 g Oliven
- 20 g Cocktail-Tomaten

Zubereitung: Die Zubereitung ist sehr simpel. Zunächst verrührst du den Magerquark mit dem Mandelmehl, den Eiern und dem geriebenen Käse (mit Salz und Pfeffer würzen). Anschließend schneidest du den Rest der Zutaten klein und hebst Sie unter den Teig.
Diesen verteilst du dann auf einem mit Backpapier ausgelegten Backblech und stellst das Ganze für 30 Minuten bei 180° C in den Ofen. Guten Appetit!

	Pro 100 g	**Pro Portion**
kcal	131	575
Eiweiß	12,2 g	52,5 g
Kohlenhydrate	5,3 g	22,7 g
Fett	7 g	30,3 g

Auberginen-Sandwich mit Avocado-Dip

15 Minuten

Ideal als Snack für zwischendurch eignet sich dieses Auberginen-Sandwich. Trotz des fehlenden Brotes ist es sehr schmackhaft und dazu noch äußerst gesund!

Zutaten:

- 1 Aubergine
- 1 Avocado
- 1 Ei
- 40 g Sesam
- 100 g Putenschnitzel
- 40 g fettarmer Joghurt

Zubereitung:

Dip: Für den Dip entnimmst du der Avocado das Fruchtfleisch, verarbeitest es mithilfe einer Gabel zu Brei und verrührst diesen mit dem Joghurt (etwas Salz und Pfeffer hinzufügen).

Sandwich: Zunächst schneidest du aus der Aubergine, wie auf dem Bild abgebildet, zwei Scheiben heraus, bestreust diese mit etwas Salz und lässt sie kurz ruhen. Danach schlägst du das Ei auf und verrührst es. Anschließend tränkst du die Auberginen-Scheiben in Ei, „wälzt" sie im Sesam und brätst Sie dann in einer Pfanne von beiden Seiten, bis sie goldbraun werden.
Zeitgleich brätst du das Putenschnitzel (nach Belieben würzen).

Danach bestreichst du die Aubergine mit dem Avocado-Dip und belegst sie. Wir haben noch etwas Salat und eine Tomate für den Belag genommen.
Guten Appetit!

	Pro 100 g	**Pro Portion**
kcal	115	438
Eiweiß	10,1 g	38,4 g
Kohlenhydrate	1,9 g	7,4 g
Fett	7,4 g	28,1 g

Falsches belegtes Brot

10 Minuten

Jeder kennt es: Morgens zum Frühstück gibt es belegte Brötchen. Aber was ist, wenn man gerade eine Low-Carb-Diät macht?! Nun, da gibt es eine simple, aber kreative Alternative. Guten Hunger!

Zutaten:

- 30 g Frischkäse
- 50 g Puten-Aufschnitt
- 1 Ei
- 100 g Cherry-Tomaten
- 100 g Gurke
- Salz, Pfeffer

Zubereitung: Zunächst kochst du das Ei, bis es hart ist. Zeitgleich halbierst du die Gurke und höhlst sie etwas aus. Diese bestreichst du dann mit dem Frischkäse und belegst sie mit dem Putenaufschnitt. Nun servierst du noch die restlichen Zutaten und würzt alles mit etwas Salz und Pfeffer.

	Pro 100 g	Pro Portion
kcal	77	260
Eiweiß	7 g	24,1 g
Kohlenhydrate	1 g	3 g
Fett	5 g	16,8 g

Frühstückswrap

10 Minuten

Zutaten für 1 Portion:

- 1 Ei
- 50 g frischer Spinat
- 4 Cocktail-Tomaten
- ¼ Paprika
- 20 g Feta-Käse (light)
- Salz, Pfeffer
- 1 Scheibe Eiweißbrot

Zubereitung: Zunächst verrührst du das Ei mit etwas Salz und Pfeffer und brätst es dann bei mittlerer Hitze mit einem Schuss Olivenöl zu einem Omelett.
In eine andere Pfanne gibst du die Tomaten, den Spinat, die Paprika und den Feta-Käse (alles klein schneiden) und brätst alles mit etwas Olivenöl an. Anschließend verteilst du alles auf dem Omelett und rollst es ein, sodass ein Wrap entsteht.

	Pro 100 g	Pro Portion
kcal	95	350
Eiweiß	5,8 g	21,5 g
Kohlenhydrate	2 g	7,3 g
Fett	6,9 g	25,5 g

Hähnchen-Streifen auf Salat

15 Minuten

Auch hier ein typisches Low-Carb-Rezept, welches in unserer Community zunehmend an Beliebtheit gewinnt. Mit seinen wenigen kcal ist es ein hervorragendes Gericht für eine effiziente Diät.

Zutaten für 1 Portion:

- 1 Tomate
- 200 g Hähnchenbrustfilet
- ¼ Salatgurke
- 40 g kleine Champignons
- 100 g Blattsalat
(je nach Belieben etwas mehr oder weniger)
- 1 EL Sojasoße
- Paprikapulver

Dressing:

- 1 TL Olivenöl
- Salz, Pfeffer
- 1 Prise Zucker
- 2 EL Essig
- 1 TL Senf
- 50 ml Gemüsebrühe
- 1 TL Honig

Zubereitung: Zunächst wäschst du das Gemüse und schneidest es klein. Anschließend wäschst du den Blattsalat und gibst Ihn in eine Salatschleuder, sodass er trocken wird. Danach bereitest du das Dressing zu (Olivenöl, Salz, Pfeffer, Zucker, Essig, Senf, Gemü-sebrühe und Honig miteinander verrühren) und vermengst es mit dem Gemüse und dem Salat. Zu guter Letzt schneidest du das Hähnchenbrustfilet in Streifen, brätst sie für kurze Zeit in einer Pfanne an und würzt sie dann mit Salz, Pfeffer, Paprikapulver und der Sojasoße. Optional kannst du noch etwas Sesam darüber streuen.

Nun servierst du alles auf einem Teller: Guten Appetit!

	Pro 100 g	Pro Portion
kcal	65	350
Eiweiß	9,8 g	53 g
Kohlenhydrate	1,9 g	10 g
Fett	1,9 g	10,3 g

Hüttenkäse-Salat

15 Minuten

Hier hast du ein super Gericht für einen gemütlichen Abend vor dem Fernseher – schnell zubereitet, lecker und gesund!

Zutaten für 1 Portion:

- 200 g körniger Frischkäse (Hüttenkäse)
- 25 g Mais
- ½ Salatgurke
- 6 Kirschtomaten
- 3 Radieschen
- etwas Tiefkühl-Schnittlauch
- ½ rote Paprika
- Salz, Pfeffer
- Paprikapulver
- 1 Spritzer Essig

	Pro 100 g	**Pro Portion**
kcal	89	350
Eiweiß	7,2 g	28,2 g
Kohlenhydrate	5,1 g	20 g
Fett	2,4 g	9,5 g

Zubereitung: Die Zubereitung ist sehr simpel und schnell: Zunächst wäschst du das Gemüse gründlich ab und schneidest es klein. Anschließend verrührst du es mit dem Frischkäse und würzt alles mit etwas Salz, Pfeffer und Paprikapulver und gibst den Essig hinzu. Guten Appetit!

Gemüse-Lachs Omelett

15 Minuten

Zutaten für 1 Portion:

- ½ rote Paprika
- ½ grüne Paprika
- 100 g Lachsfilet
- 1 TL Olivenöl
- ½ EL Senf
- 2 Eier
- Salz, Pfeffer

Zubereitung: Zunächst wäschst du die Paprika gründlich ab und schneidest sie zusammen mit dem Lachsfilet in Würfel. Anschließend brätst du die Paprikawürfel in etwas Olivenöl für 3–4 Minuten an und gibst danach das Lachsfilet hinzu (für weitere 5 Minuten braten, Salz, Pfeffer und Senf hinzufügen).

Zeitgleich schlägst du die Eier auf und verrührst sie mit Salz und Pfeffer. Gib bitte einen Schuss Mineralwasser (mit Kohlensäure) hinzu. Das Ganze brätst du dann in einer Pfanne bei mittlerer Hitze. Nachdem das Omelett fertig gebraten ist, servierst du alles, wie auf dem Bild, auf einem Teller.

TIPP: Verrühre einen EL saure Sahne mit etwas Salz als Dip.

	Pro 100 g	Pro Portion
kcal	141	441
Eiweiß	11,7 g	36,4 g
Kohlenhydrate	1,4 g	4,4 g
Fett	10 g	31,1 g

Frikadellenspieße mit Salat

Zutaten:

25 Minuten

- 150 g Geflügelhackfleisch
- 1 EL gehackte Petersilie
- 1 EL Magerquark
- ½ Zwiebel

Dressing:

- 2 EL Magermilch-Joghurt
- 1 EL Weißweinessig
- 1 TL gehackter Dill
- Salz, Pfeffer
- Salat: 30 g Kidney-Bohnen
- 1 Handvoll grüne Salatblätter
- 5 g Mais
- ½ Karotte

Zubereitung: Zunächst vermengst du das Geflügelhack mit der kleingeschnittenen Zwiebel, dem Magerquark und der Petersilie. Daraus formst du dann Frikadellen, die du dann in einer beschichteten Pfanne für 10–15 Minuten brätst.

Salat: Zuerst schneidest du die Karotte und die Salatblätter klein. Anschließend vermengst du alle Zutaten des Salats miteinander:

Dressing: Für das Dressing verrührst du einfach alle Dressing-Zutaten miteinander. Anschließend bereitest du alles auf einem Teller zu. Guten Appetit!

	Pro 100 g	**Pro Portion**
kcal	120	407
Eiweiß	12,1 g	41,2 g
Kohlenhydrate	5,7 g	19,3 g
Fett	5,3 g	18 g

Hähnchenbrust mit Spinatfüllung

Hier zeigen wir dir ein extrem leckeres und kreatives Rezept.
Jedoch ist es simpel und schnell in der Zubereitung – und eine wahre Proteinbombe! Guten Hunger!

30 Minuten

Zutaten:

- 200 g Hähnchenbrustfilet
- 50 g Baby-Spinat
- 1 TL Olivenöl
- 50 g Ricotta
- 50 g geriebener Käse (Gouda)
- Salz, Pfeffer
- Paprikapulver

Zubereitung: Zunächst schneidest du 3–4 Kerben in das Hähnchenbrustfilet und würzt es mit Salz und Pfeffer. Anschließend wäschst du den Baby-Spinat, brätst ihn in Olivenöl und gibst den Ricotta hinzu (beides vermengen).

Anschließend füllst du die Kerben des Hähnchenbrustfilets mit der „Spinat-Ricotta"-Masse, würzt alles noch einmal mit Salz, Pfeffer und Paprikapulver und streust den geriebenen Käse darüber. Anschließend backst du das Hähnchenbrustfilet für ca. 20 Minuten bei 200° C Umluft.

TIPP: Wir empfehlen ein paar kleine Tomaten als Beilage

	Pro 100 g	**Pro Portion**
kcal	143	515
Eiweiß	19,4 g	70 g
Kohlenhydrate	0,3 g	1 g
Fett	7 g	25,3 g

Lachs mit grünen Bohnen

Zutaten: 25 Minuten

- 150 g Lachs
- 100 g grüne Bohnen
- Gemüsebrühe
- 1 Frühlingszwiebel
- 1 EL Olivenöl
- 1 EL saure Sahne
- Salz, Pfeffer

Zubereitung: Zunächst wickelst du den Lachs in Küchenpapier und kochst die Bohnen für 10–15 Minuten in der Gemüsebrühe. Währenddessen schneidest du die Frühlingszwiebel in Ringe und brätst diese in etwas Olivenöl kurz an. Danach gibst du die fertig gekochten und abgetropften Bohnen hinzu (mit etwas Salz und Pfeffer würzen) und brätst diese für 4–5 Minuten bei geringer Temperatur. Anschließend rührst du noch die saure Sahne unter und stellst das Ganze zur Seite.

Lachs: Den Lachs bestreust du mit Salz und Pfeffer und brätst ihn von beiden Seiten für jeweils 2–3 Minuten an.

	Pro 100 g	Pro Portion
kcal	164	510
Eiweiß	13,7 g	42,6 g
Kohlenhydrate	1,9 g	6 g
Fett	10,8 g	33,5 g

Avocado-Ei Frühstück

Zutaten:

25 Minuten

- 1 Avocado
- 2 Eier
- 20 g Feta
- Salz, Pfeffer

Zubereitung: Zunächst halbierst du die Avocado und höhlst beide Hälften etwas aus. In die entstandenen Aushöhlungen gibst du nun jeweils ein Ei und bestreust dieses mit etwas Salz und Pfeffer. Das Ganze kommt nun nur noch für 20 Minuten bei 180° C Umluft in den Ofen. Wir empfehlen ein paar kleine Tomaten dazu.
Guten Appetit!

	Pro 100 g	Pro Portion
kcal	150	331
Eiweiß	7,9 g	17,4 g
Kohlenhydrate	1,9 g	4,2 g
Fett	12,5 g	27,4 g

Eierkuchen mit Zucchini und Salat (Vegetarisch)

Zutaten: 15 Minuten

- 2 Eier
- 1 Prise Knoblauchpulver
- 1 EL Olivenöl
- 1 Zucchini
- 50 g Cherry-Tomaten
- 1 Salatgurke
- 20 g Feta-Käse (light)
- Salz, Pfeffer, Essig

Zubereitung:

Zuerst verrührst du die Eier mit etwas Salz und Pfeffer, wäschst die Zucchini und schneidest diese in Scheiben. Anschließend bestreust du die Zucchini mit etwas Salz, Pfeffer und Knoblauchpulver und brätst sie einer Pfanne kurz an (danach zur Seite stellen).

Nun schüttest du in dieselbe Pfanne die Eier hinein, legst daraufhin sofort die Zucchini-Scheiben (wie auf dem Bild) und brätst das Ganze für ca. 5–8 Minuten.

Salat:

Hierfür schneidest du die Salatgurke, die Cherry-Tomaten und den Feta-Käse klein und gibst etwas Salz, Olivenöl und Essig darüber.

	Pro 100 g	Pro Portion
kcal	81	306
Eiweiß	5,2 g	19,7 g
Kohlenhydrate	0,7 g	2,8 g
Fett	6,4 g	24,4 g

Hähnchen-Cocktailtomaten-Mozzarella Spieße

10 Minuten

Zutaten:

- 150 g Hähnchen-Innenfilet
- 1 TL Olivenöl
- 50 g Cocktail-Tomaten
- 50 g Mozzarella
- Salz, Pfeffer
- 1 EL Balsamico

Zubereitung: Zunächst wäschst du das Hähnchenfleisch gründlich ab und schneidest es in Würfel (mit Salz und Pfeffer würzen). Anschließend brätst du es für wenige Minuten in etwas Olivenöl an.

Du wäschst die Cocktail-Tomaten und lässt den Mozzarella abtropfen. Nun fixierst du alles wie auf dem Bild auf den Spießen. Guten Appetit!

	Pro 100 g	**Pro Portion**
kcal	146	380
Eiweiß	17,9 g	46,5 g
Kohlenhydrate	1 g	2,6 g
Fett	7,6 g	19,8 g

Spitzpaprika mit Schafskäse und Chia-Samen: (vegetarisch)

Wer auf Fleisch nicht verzichten möchte, kann dieses Gericht auch mit einem leckeren Putenbrustfilet kombinieren!

20 Minuten

Zutaten für 1 Portion:

- 1 EL Chia-Samen
- 1 Spitzpaprika
- 50 g Schafskäse
- 1 Frühlingszwiebel
- 1 TL Zitronensaft
- Salz, Pfeffer

Zubereitung: Zunächst wäschst du die Paprika, schneidest sie in zwei Hälften und entfernst den Stiel. Anschließend zerbröselst du den Schafskäse, wäschst die Frühlingszwiebel, schneidest sie in feine Ringe und vermengst sie zusammen mit einem Schuss Zitronensaft und Chia-Samen mit dem Käse.

Diese Masse würzt du nun mit etwas Salz und Pfeffer und füllst sie in die Paprika-Hälften.
Diese legst du nun auf ein mit Backpapier ausgelegtes Backblech und stellst dieses für 12–15 Minuten bei 160° C Umluft in den Ofen. Guten Appetit!

TIPP: Wir empfehlen dieses Gericht als Beilage zu Fleisch und Co.

	Pro 100 g	**Pro Portion**
kcal	117	251
Eiweiß	6,8 g	14,7 g
Kohlenhydrate	4,1 g	9 g
Fett	7,5 g	16,2 g

Eiweiß-Cheeseburger

Für jeden, der während seines gesunden Lebensstils bzw. wegen einer Diät nicht auf einen leckeren Burger verzichten möchte, ist dieses Gericht bestens geeignet!

20 Minuten

Zutaten für 1 Portion:

- 100 g Putengeschnetzeltes
- 30 g Cheddar-Käse (fettreduziert)
- 1 Eiklar
- 1 Eiweißbrötchen (in diversen Supermärkten erhältlich)
- 1 EL Sauerrahm
- Blattsalat
- ½ Tomate
- 3–4 Scheiben Gurke
- 5 g Paniermehl

Zubereitung:

Zunächst bestreust du das Putengeschnetzelte mit etwas Salz und Pfeffer und vermengst es mit dem Eiklar und dem Paniermehl, sodass es zu einer leicht klebrigen Masse wird. Du kannst nun den Cheddar mit zur Masse geben oder später auf der heißen Frikadelle zergehen lassen.

Nun formst du die Masse zu einer Fleischkugel, legst diese auf Frischhaltefolie und drückst sie mithilfe eines Tellers zu einer Frikadelle. Diese brätst du für ca. 3 Minuten von beiden Seiten an.

Zeitgleich toastest du das Eiweiß-Brötchen, welches du anschließend mit etwas Sauerrahm bestreichst und mit Blattsalat, etwas Zwiebel und den Gurken- und Tomatenscheiben belegst. Anschließend legst du die fertig gebratene Frikadelle zwischen die beiden Brothälften und fixierst diese mithilfe eines Schaschlik-Spießes. Guten Appetit!

	Pro 100 g	Pro Portion
kcal	155	535
Eiweiß	16,2 g	56 g
Kohlenhydrate	3,7 g	12,6 g
Fett	6,8 g	23,4 g

Lachs-Spinat Auflauf

25 Minuten

Zutaten für 1 Portion:

- 200 g Tiefkühlspinat oder frischer Spinat
- 150 g Lachsfilet
- 1 Knoblauchzehe
- 1 Tomate
- Salz, Pfeffer
- Zitronensaft
- 50 g Feta-Käse (light)
- 1 EL Olivenöl

	Pro 100 g	Pro Portion
kcal	135	512
Eiweiß	12 g	45,5 g
Kohlenhydrate	1,5 g	5,6 g
Fett	8,9 g	34 g

Zubereitung: Zunächst würzt du den Spinat (sollte es Tiefkühlspinat sein, muss dieser aufgetaut sein) mit etwas Salz und Pfeffer und gibst die Hälfte in eine mit Olivenöl bestrichene Auflaufform.

Danach tupfst du den Lachs mithilfe eines Küchentuchs trocken, würzt diesen ebenfalls mit Salz und Pfeffer und legst ihn in die Auflaufform zu dem Spinat. Anschließend gibst du die in sehr dünne Scheiben geschnittene Knoblauchzehe und den Rest des Spinats hinzu. Die Oberfläche des Auflaufes legst du nun mit Tomatenscheiben aus und bestreust diese mit zerbröseltem Feta-Käse. Das Ganze kommt nun für ca. 20 Minuten bei 200° C in den Ofen und kann danach genossen werden!

Gemüse-Nudeln (vegetarisch)

10 Minuten

Dieses Gericht ist eines der leichtesten und schnellsten Rezepte. Bestens geeignet für den Hunger zwischendurch.

Zutaten für 1 Portion:

- 2 Zucchini
- 1 Karotte
- 1 EL Olivenöl

Zubereitung: Das Rezept geht wirklich schnell. Du verarbeitest die Zucchini und die Karotte mithilfe eines Spiralschneiders (im Internet erhältlich) zu „Spaghetti“ und gibst alles mit einem Esslöffel Olivenöl in die Pfanne. Das Ganze brätst du dann für ca. 5 Minuten bei mittlerer Hitze an (während des Bratvorgangs gut umrühren). Guten Appetit!

	Pro 100 g	Pro Portion
kcal	55	159
Eiweiß	1,7 g	4,8 g
Kohlenhydrate	2,6 g	7,4 g
Fett	4,3 g	12,6 g

Frühstücks-Brot (vegetarisch)

5 Minuten

Dieses hier ist eines der leichtesten und schnellsten Rezepte. Bestens geeignet für den Hunger zwischendurch.

Zutaten:

- 3 EL griechischer Joghurt
- 1 TL Schnittlauch
- ½ Avocado
- ½ Tomate
- ¼ Salatgurke
- Basilikum
- Zitronensaft
- 2 Eiweißbrotscheiben

Zubereitung: Zunächst vermengst du den griechischen Joghurt mit etwas Schnittlauch und Salz. Diesen streichst du dann auf die Brotscheiben. Anschließend schneidest du eine Avocado, die Tomate und die Gurke in Würfel und belegst mit diesen Zutaten das Brot. Danach würzt du das Ganze mit etwas Basilikum, Petersilie, und Zitronensaft. Guten Appetit!

	Pro 100 g	Pro Portion
kcal	194	330
Eiweiß	11,5 g	19,6 g
Kohlenhydrate	7,4 g	12,6 g
Fett	14,6 g	24,9 g

HIGH-CARB Rezepte

Lachs mit Nudeln und Zoodles

10 Minuten

Zutaten:

- 50 g Vollkorn-Nudeln
- 1 Zucchini,
- 1 TL Olivenöl
- 1 Knoblauchzehe
- 1 Zwiebel
- 120 ml Sahne (7% Fett)
- Salz, Pfeffer
- Zitronensaft
- Petersilie
- 150 g Lachs

Zubereitung: Zuerst kochst du die Nudeln (nach Anleitung auf der Verpackung) und verarbeitest die Zucchini zu Spaghetti. Diese brätst du dann in einer beschichteten Pfanne in Olivenöl für ca. 4 Minuten an. Zeitgleich gibst du eine kleingehackte Zwiebel und eine kleingehackte Knoblauchzehe hinzu.
Mit der Sahne löschst du das Ganze ab (Herdplatte auf niedrige Stufe stellen). Nun würzt du die Zucchini-Nudeln mit etwas Salz und Pfeffer und gibst die Vollkorn-Nudeln zusammen mit einem Schuss Zitronensaft hinzu. Anschließend bestreust du das Ganze mit Petersilie und brätst noch kurz den Lachs für ca. 3–4 Minuten von jeder Seite an.
Guten Appetit!

	Pro 100 g	Pro Portion
kcal	112	560
Eiweiß	7,8 g	38,8 g
Kohlenhydrate	4,4 g	22,1 g
Fett	7 g	35,4 g

Vollkorn-Flakes Joghurt

5 Minuten

Für alle, die mit einer ordentlichen Ladung Energie in den Tag starten wollen, ist dieses Gericht bestens geeignet. Mit seinem hohen Anteil an wichtigen Mikro- und Makronährstoffen ist der Vollkorn-Flakes-Joghurt ein äußerst passendes Gericht für eine ausgewogene und gesunde Ernährung.

Zutaten:

- 300 g griechischer Joghurt
- 4 EL fettarme Milch
- 70 g Vollkorn-Flakes
- 1 TL Leinsamen
- ½ Mango
- 1 EL Agavensirup

	Pro 100 g	Pro Portion
kcal	144	750
Eiweiß	3,6 g	18,8 g
Kohlenhydrate	17,7 g	92,2 g
Fett	6,4 g	33,2 g

Zubereitung: Zunächst schälst du die Mango und schneidest sie in Würfel. Anschließend gibst du den griechischen Joghurt in einen Suppenteller, bestreust diesen mit den Leinsamen, gibst die Mango und die Vollkorn-Flakes dazu und schüttest über das Ganze noch den Agavensirup. Guten Appetit!

Protein-Pancakes

15 Minuten

Zutaten (nur Pancakes):

- 2 Eier
- 15 g Proteinpulver (Schokolade)
- 1 Banane

Zubereitung: Zunächst zerdrückst du die Banane mit einer Gabel, bis sie zu einem Brei wird. Diesen verrührst du dann gründlich mit den Eiern und dem Proteinpulver. Nun ist der Teig fertig.

Diesen brätst du in einer Pfanne mit etwas Kokosöl bei mittlerer Hitze zu Pancakes. Guten Appetit!

TIPP: Wir empfehlen Beeren und Walnüsse dazu.

	Pro 100 g	Pro Portion
kcal	102	240
Eiweiß	8 g	18,8 g
Kohlenhydrate	9,3 g	21,8 g
Fett	3 g	7 g

Gesundes Vollkorn-Sandwich

5 Minuten

Zutaten für 1 Portion:

- 2 Scheiben Vollkornbrot
- ½ TL Senf
- 1 TL fettarme Salatcreme (16%)
- 3–4 rote Paprikaschoten
- 1 Scheibe fettarmer Schnittkäse
- 1 Tomate
- 50 g Putenbrustaufschnitt
- Salz, Pfeffer
- Basilikum

Zubereitung: Zunächst halbierst du die Vollkornbrotscheiben und bestreichst alle 4 Scheiben mit dem Senf und der Salatcreme.

Wie auf dem Bild belegst du nun (von unten nach oben) die erste Scheibe mit Schnittkäse, Tomate (in Scheiben geschnitten) und Putenaufschnitt.
Darauf kommen 2 Brotscheiben. Die obere Hälfte belegst du nun mit den Paprikaschoten und ebenfalls mit der Tomate und dem Putenaufschnitt.

Das Ganze würzt du nun mit etwas Salz, Pfeffer und Basilikum und legst abschließend die letzte Brotscheibe darauf. Guten Appetit!

	Pro 100 g	**Pro Portion**
kcal	118	331
Eiweiß	8,6 g	24 g
Kohlenhydrate	14,4 g	40,3 g
Fett	2,7 g	7,5 g

Vollkorn-Bananenbrot

Dieses Gericht ist wirklich sehr sehr lecker! Solltest du kein Mandelmus besitzen, kannst du auch Erdnussbutter verwenden. Guten Appetit!

5 Minuten

Zutaten für 1 Portion:

- 1 Scheibe Vollkornbrot
- 1 TL Honig
- 1 Banane
- 1 EL Mandelmus
- 1 Prise Zimt

Zubereitung: Die Zubereitung ist superschnell und simpel! Du bestreichst einfach die Brotscheibe mit dem Mandelmus, belegst es mit der kleingeschnittenen Banane und gibst noch etwas Honig und Zimt darüber. Fertig!

	Pro 100 g	Pro Portion
kcal	187	420
Eiweiß	4,3 g	10 g
Kohlenhydrate	25,2 g	58 g
Fett	5,7 g	13 g

Sattmacher Brötchen

30 Minuten

Wenn du mal Lust auf gesunde selbstgemachte Brötchen hast, solltest du dieses Rezept unbedingt ausprobieren.

Zutaten:

- 2 Eier
- 170 g Quark
- 170 g Haferflocken
- 1 EL Leinsamen
- 1 EL Chia-Samen
- 1 Möhre
- 1 Packung Backpulver
- Salz

Zubereitung:

Zunächst gibst du den Quark zusammen mit einer Prise Salz und den Eiern in eine Schüssel und verrührst dieses Gemisch mithilfe eines Handmixgerätes für 2–3 Minuten.

Anschließend vermengst du die Leinsamen, die Chia-Samen, die Haferflocken, die in kleine Stückchen geraspelte Möhre und das Backpulver miteinander und gibst es mit in die Schüssel des Ei-Quark-Gemisches – alles gut umrühren.

Den neu entstandenen Teig formst du nun zu mehreren Brötchen und gibst diese auf ein mit Backpapier ausgelegtes Backblech, welches du für 18–20 Minuten bei 180° C in den Ofen stellst. Guten Appetit!

	Pro 100 g	Pro Portion
kcal	192	1028
Eiweiß	12,2 g	65,5 g
Kohlenhydrate	22 g	117,6 g
Fett	6 g	32,5 g

Ofen-Wraps

20 Minuten

Zutaten für 1 Portion:

- 1 Vollkorn-Wrap (ca. 25 cm Durchmesser)
- 2 EL griechischer Joghurt
- 1 EL Pesto
- 1 Frühlingszwiebel
- 5 – 6 Cherry-Tomaten
- ½ Mozzarella
- Salz, Pfeffer, Oregano

Zubereitung:
Zuerst verrührst du den griechischen Joghurt mit dem Pesto und bestreichst den Wrap mit dieser Mischung.

Anschließend belegst du den Wrap mit der kleingeschnittenen Frühlingszwiebel, den halbierten Cherry-Tomaten, dem Mozzarella und würzt alles noch mit Salz, Pfeffer und Oregano.

Das Ganze kommt nun für 5–10 Minuten in den auf 180° C vorgeheizten Ofen. Guten Appetit!

	Pro 100 g	Pro Portion
kcal	156	389
Eiweiß	5,4 g	13,5 g
Kohlenhydrate	11,6 g	29,1 g
Fett	9,7 g	24,2 g

Vollkorn-Penne mit Thunfisch

Zutaten für 1 Portion: 20 Minuten

- 100 g Vollkorn-Penne
- 200 g Thunfisch in eigenem Saft
- 20 g Kidney-Bohnen
- 20 g Mais
- ½ Paprika
- 30 g Feta-Käse (light)
- ½ Zwiebel
- 1 Schuss Zitronensaft
- Salz

Zubereitung:

Zunächst kochst du die Nudeln, so wie es auf der Verpackung angegeben ist.
Zeitgleich gibst du die Bohnen, den Mais, die in Würfel geschnittene Paprika, den in kleine Stücke zerbröselten Feta-Käse, den abgetropften Thunfisch und die kleingeschnittene Zwiebel in eine Schüssel und vermengst alles gut miteinander (mit Salz würzen).

Sobald die Nudeln fertig gekocht sind, lässt du diese gut abtropfen und gibst sie zu dem Rest der Zutaten – das Ganze schmeckst du mit etwas Zitronensaft ab.
Guten Appetit!

	Pro 100 g	Pro Portion
kcal	146	729
Eiweiß	12,2 g	61,2 g
Kohlenhydrate	6,7 g	33,5 g
Fett	7,8 g	39 g

Vollkornwrap mit Hähnchen und Salat

Zutaten für 1 Wrap: 20 Minuten

- 150 g Hähnchenbrustfilet
- 1 Vollkorn-Wrap
- 1 EL griechischer Joghurt (fettarm)
- 20 g Feta-Käse (light)
- 1 Knoblauchzehe
- etwas Eisbergsalat (nach Belieben)
- 50 g Cherry-Tomaten
- ¼ Zwiebel
- Salz, Pfeffer, Paprikapulver

Zubereitung: Zunächst würzt du das Hähnchenfilet mit etwas Salz und Pfeffer und brätst es in ein wenig Kokosöl von beiden Seiten an – anschließend in Streifen schneiden und zur Seite legen.

Danach verrührst du den Joghurt mit dem Käse und würzt das Ganze mit etwas Paprikapulver – Knoblauchzehe „hineinpressen".

Den Vollkorn-Wrap erhitzt du nun für kurze Zeit in einer Pfanne (kein Öl oder Fett verwenden), bestreichst ihn danach mit dem Joghurt und belegst ihn mit den Hähnchen-streifen.
Dann schneidest du die Tomaten, den Eisbergsalat und die Zwiebel klein und gibst diese Zutaten ebenfalls auf den Wrap. Diesen rollst du dann auf und wickelst ihn in Aluminiumfolie. Guten Appetit!

	Pro 100 g	Pro Portion
kcal	101	352
Eiweiß	13,1 g	46 g
Kohlenhydrate	6,6 g	23,1 g
Fett	2,3 g	7,9 g

Avocado-Pasta

Zutaten: 15 Minuten

- 100 g Dinkel-Vollkorn-Bandnudeln
- ½ Avocado
- ein paar Basilikumblätter
- 2 Knoblauchzehen
- Saft einer halben Zitrone
- 1 EL Olivenöl
- 1 Handvoll Cocktail-Tomaten
- 1 EL Mais

Zubereitung:
Zunächst kochst du die Nudeln nach Verpackungsanleitung.

Zeitgleich schälst du die Avocado und gibst diese zusammen mit den Knoblauchzehen, den Basilikumblättern, dem Zitronensaft, dem Olivenöl und etwas Salz und Pfeffer in einen Mixer – zerkleinern.

Nachdem die Nudeln fertig gekocht sind, vermengst du diese mit der Avocado-Paste und gibst noch etwas Mais und halbierte Cocktail-Tomaten dazu – Guten Appetit!

	Pro 100 g	Pro Portion
kcal	117	370
Eiweiß	2,2 g	7 g
Kohlenhydrate	9,7 g	30,7 g
Fett	7,3 g	23,1 g

Lachs mit Quinoa/ Bulgur Salat

Zutaten:

25 Minuten

- 150 g Lachsfilet
- 100 g Quinoa (im Bioladen und im Supermarkt erhältlich)
- Gemüsebrühe
- ½ rote Paprika
- ½ Zwiebel
- 2 kleine Gurken
- 20 g Feta-Käse
- Salz, Pfeffer

Zubereitung:

Zunächst kochst du den Quinoa für 10–15 Minuten in Gemüsebrühe.
Zeitgleich schneidest du die Paprika, die Zwiebel, den Feta-Käse und die Gurken klein und vermengst diese Zutaten miteinander. Nachdem der Quinoa fertig gekocht ist, gibst du diesen ebenfalls hinzu (Den Quinoa nach dem Kochen gut abtropfen lassen). Anschließend würzt du das Lachsfilet mit etwas Salz und Pfeffer und brätst es von beiden Seiten für ca. 3–4 Minuten.
Zum Schluss servierst du den Lachs zusammen mit dem Quinoa-Salat auf einem Teller – Guten Appetit!

	Pro 100 g	Pro Portion
kcal	119	657
Eiweiß	8,3 g	45,4 g
Kohlenhydrate	11,7 g	64,3 g
Fett	4,4 g	24,1 g

Thunfischsalat mit Vollkornnudeln

15 Minuten

Zutaten:

- 150 g Vollkorn-Nudeln
- 1 rote Paprika
- ½ Zwiebel
- 40 g Kidney-Bohnen
- 40 g Mais
- 200 g Thunfisch in eigenem Saft
- 40 g Feta-Käse
- 1 Schuss Zitronensaft

Zubereitung: Zunächst kochst du die Nudeln nach Verpackungsanleitung. Anschließend schneidest du die Paprika, die Zwiebel, den abgetropften Thunfisch aus der Dose und den Feta-Käse klein und vermengst diese Zutaten mit den Bohnen und dem Mais.

Nachdem die Nudeln fertiggekocht sind, vermengst du sie mit dem Thunfischsalat, gibst einen Schuss Zitronensaft hinzu und stellst das Ganze für ca. 2 Stunden kalt. Danach ist das Gericht verzehrfertig – Guten Appetit!

	Pro 100 g	Pro Portion
kcal	178	980
Eiweiß	12,9 g	70,7 g
Kohlenhydrate	12,5 g	68,9 g
Fett	8,5 g	46,8 g

Flammkuchen

Zutaten für 1 Portion: 30 Minuten

- 125 g Roggenvollkornmehl
- 125 g Weizenvollkornmehl
- 3 EL Sauerrahm
- ½ Zwiebel
- 1 Tomate
- ½ Paprika
- 150 g Putengeschnetzeltes
- eine Handvoll Feldsalat
- 20 g Mais
- 1 TL Olivenöl
- Salz, Pfeffer

	Pro 100 g	Pro Portion
kcal	178	1095
Eiweiß	10,5 g	64,6 g
Kohlenhydrate	26,7 g	163,9 g
Fett	3 g	18,3 g

Zubereitung:

Zunächst verrührst du die beiden Mehlsorten mit einer Prise Salz und gibst 200 ml Wasser hinzu, sodass ein Teig entsteht. Diesen knetest du und rollst ihn auf einem mit Backpapier ausgelegtem Backblech dünn aus. Anschließend bestreichst du ihn mit dem Sauerrahm. Danach schneidest du die Zwiebel, die Tomate und die Paprika klein und belegst damit zusammen mit dem Putengeschnetzelten den Teig. Zum Würzen nutzt du etwas Salz und Pfeffer.

Anschließend kommt das Ganze bei 180° C Umluft für 15 Minuten in den Ofen. Zeitgleich wäschst du den Feldsalat. Dieser kommt dann zusammen mit dem Mais und dem Olivenöl als zusätzlicher Belag auf den fertig gebackenen Flammkuchen – Guten Appetit!

Leckerer Fruchtbecher

Zutaten für einen Becher: 10 Minuten

- 50 g Tiefkühl-Beeren
- 2 EL Milch
- 50 g Hafer-Crunchy
- 1 Handvoll Erdbeeren
- 50 g Mango

Zubereitung: Zunächst pürierst du die Tiefkühlbeeren zusammen mit der Milch zu einer Art Brei. Diesen gibst du als Erstes in den Becher. Anschließend gibst du, als zweite Schicht, das Hafer-Crunchy in den Becher. Danach schneidest du die Erdbeeren und die Mango klein (Erdbeeren vorher gründlich waschen) und gibst sie als letzte Schicht in den Becher – Guten Appetit!

	Pro 100 g	Pro Portion
kcal	126	316
Eiweiß	4 g	9,9 g
Kohlenhydrate	22,4 g	56 g
Fett	2,2 g	5,5 g

Erdbeer-Pancake Spieße

Zutaten:

15 Minuten

- 1 Ei
- 2 EL Dinkelvollkornmehl
- 4 EL Joghurt
- 1 TL Backpulver
- 1 EL Proteinpulver (alternativ ein weiterer Esslöffel Dinkelvollkornmehl)
- 100 g Erdbeeren

	Pro 100 g	Pro Portion
kcal	173	535
Eiweiß	7,9 g	24,4 g
Kohlenhydrate	26,5 g	82,3 g
Fett	3,6 g	11,4 g

Zubereitung: Für den Pancaketeig verrührst du das Ei, das Mehl, das Backpulver, den Joghurt und das Proteinpulver miteinander. Diesen gibst du dann in einen Suppenteller.

Anschließend fixierst du die Erdbeeren, wie auf den Bildern gezeigt, auf Spießen. Diese tränkst du dann im Teig und gibst sie unmittelbar danach in die mit Kokosöl eingefettete Pfanne bei mittlerer Hitze.

Die Spieße werden nun für 2–3 Minuten angebraten – Wenden nicht vergessen! Guten Appetit!

Schlusswort

Wir hoffen sehr, dass dir unsere Rezepte gefallen. Solltest du Fragen oder Kritikäußerungen haben, wende dich doch bitte an unseren Kundenservice unter rezepte@getfitfitness.de. Wir helfen dir bei jedem Problem gerne weiter.

Wir möchten dir an dieser Stelle noch kurz unser Hauptprodukt, das 8-wöchige Abnehmprogramm von GetFit Fitness, vorstellen. Der Hauptunterschied zu anderen Fitnessprogramm ist, dass du bei uns nur einmal zahlst und es ein lebenlang besitzt.

Wir sind der Meinung, dass du ein effektives Fitnessprogramm für wenig Geld erhalten solltest. Bei unserem Programm kannst du täglich aus über 120 abwechslungsreichen Rezepten wählen, zu Hause oder im Fitnessstudio trainieren und hast gleichzeitig die Unterstützung von über 14.000 anderen Mitgliedern.

Egal, ob du in Schichten arbeitest oder aus anderen Gründen wenig Zeit für Training und Ernährung erübrigen kannst - hier kannst du dir deinen Fitnessalltag frei nach Wunsch gestalten. Die vorgegeben Gerichte sind einfach und schnell zubereitet und können optimal vorbereitet werden und zu jeder Tageszeit verzehrt werden.

Das 8-wöchige Programm von GetFit Fitness ist nur auf www.getfitfitness.de erhältlich. Du erhältst es als Buch und Online-Version.

Und da uns Kundenzufriedenheit sehr wichtig ist, schenken wir dir hier einen exklusiven Gutscheincode, mit dem du 10 Euro Rabatt auf das Fitnessprogramm erhältst. Viel Erfolg!

DBF-10